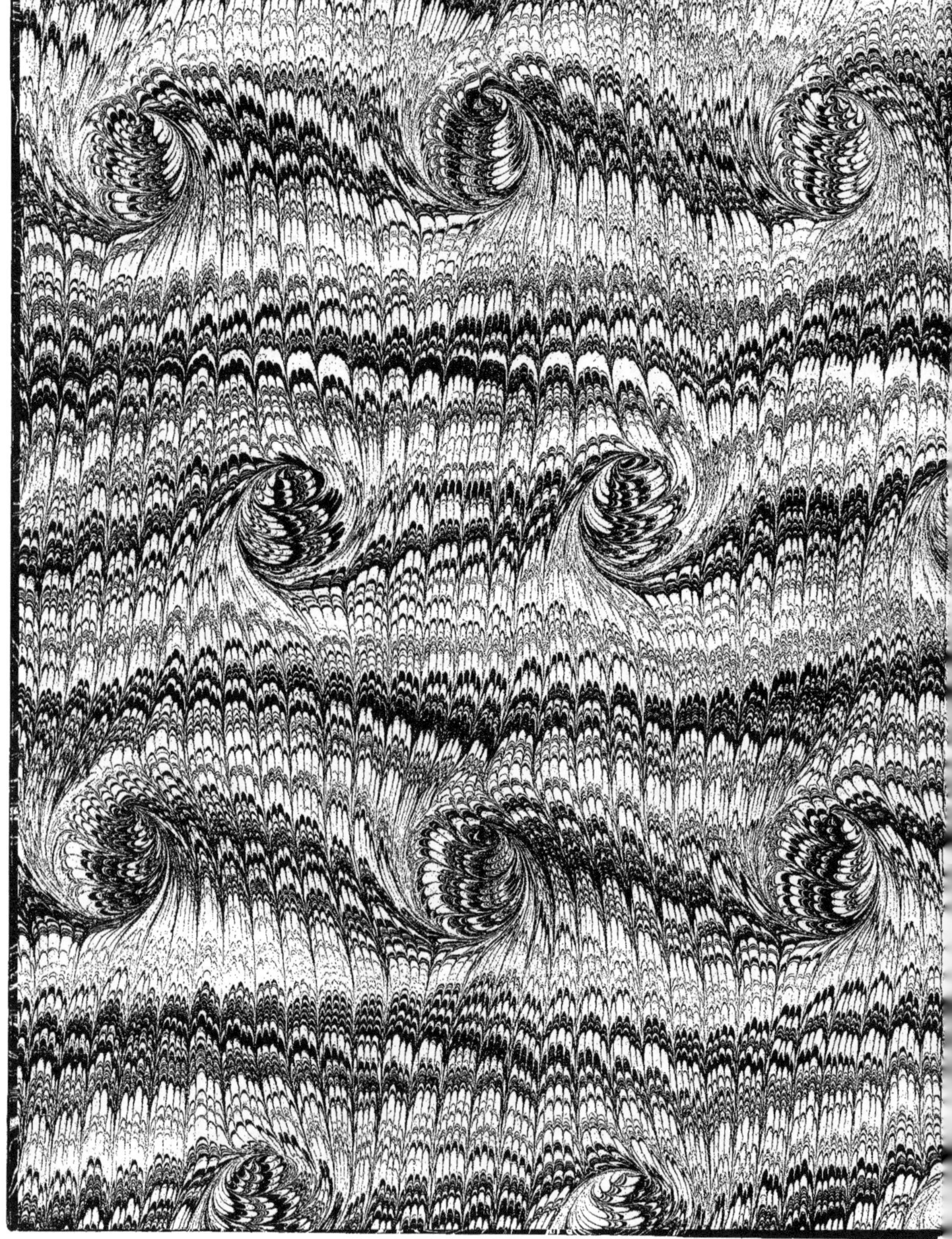

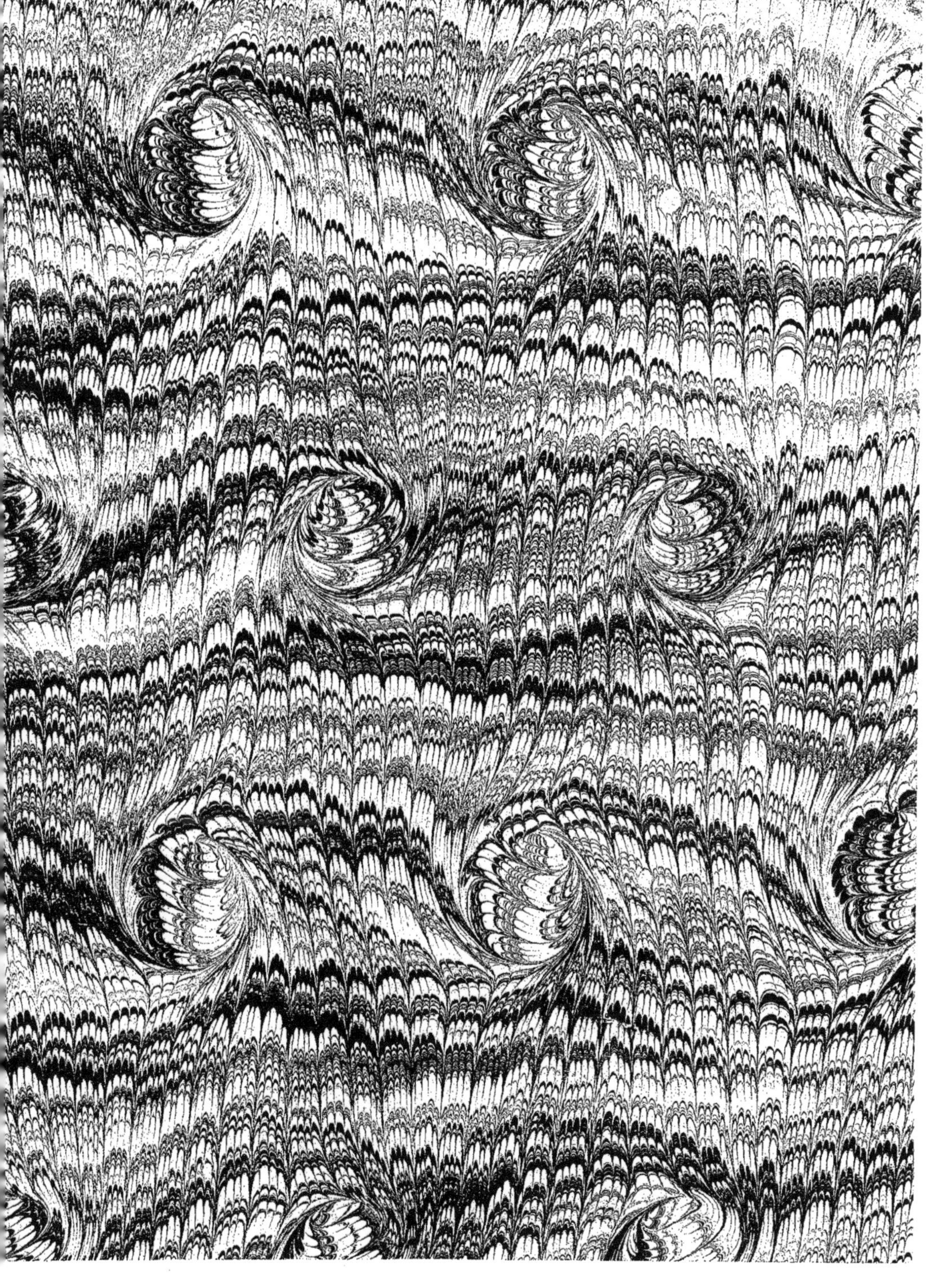

Imp.Cortey, r. Roussclet, 15. Paris.

LA COUR DU DRAGON.

Sur l'emplacement occupé aujourd'hui par le bruyant passage connu sous le nom de COUR DU DRAGON, entre le carrefour Saint-Benoît et la rue du Sépulcre, florissait au xviie siècle une des six *académies* établies dans le faubourg Saint-Germain pour l'éducation des jeunes gentilshommes.

Cette académie, dirigée par M. de Longpré, jouissait d'une vogue méritée, bien qu'elle se trouvât un peu éclipsée par deux rivales : l'académie de Bernardi, située près de l'hôtel de Condé (aujourd'hui l'Odéon), qui possédait, dans un clos attenant au Luxembourg, un fort à quatre bastions que les académistes, en manière d'exercice, attaquaient et défendaient suivant toutes les règles de la stratégie ; et l'académie de Dugast, rue de l'Université, où les grâces de Mlle Dugast, qui, à l'âge de dix-huit ans, maniait un cheval, voltigeait et courait la bague comme un écuyer consommé, attiraient la fine fleur des petits-maîtres de la cour.

Ces *Académies* d'autrefois différaient essentiellement de nos manéges modernes ; elles sont assez peu connues et mériteraient une étude spéciale ; la *couleur locale* et les mœurs du temps s'y reflètent *au vif* avec une singulière netteté.

Ce n'étaient pas de simples écoles d'équitation, mais de véritables pensions nobles, où les gentilshommes de la province et de l'étranger venaient compléter leur éducation et s'imprégner du *bel-air* de Paris. Ils y trouvaient au besoin le logement et la nourriture pour eux et leurs gens, et de plus une réunion de professeurs émérites sous la direction desquels tous les exercices *convenant aux personnes de condition* étaient poussés à la dernière perfection.

Les vastes terrains encore inoccupés du faubourg de Saint-Germain se trouvant particulièrement favorables à ces établissements, presque tous vinrent se grouper, au xviie siècle, autour du magnifique palais de Marie de Médicis. « Il n'est peut-être « aucune ville dans le monde, dit Germain Brice (1685), où l'on « puisse compter six académies comme dans ce quartier, rem- « plies la plupart de tout ce qu'il y a d'illustre jeunesse de France « et d'Allemagne, qui y vient apprendre toutes les choses qui « rendent un gentilhomme accompli et capable d'acquérir de la « réputation dans le monde. On a quelquefois compté dans un « hiver douze princes étrangers et plus de trois cents comtes ou « barons, sans un bien plus grand nombre de simples gentils- « hommes que la réputation de la France attirait, pour appren- « dre notre langue et pour faire des exercices que l'on n'enseigne « pas chez eux dans la même perfection. »

Les exercices de l'académie consistaient : le matin, à monter à cheval, courir les bagues et les têtes ; l'après-midi, à faire des armes, voltiger, danser, répéter les exercices de guerre et suivre un cours de mathématiques et de dessin.

Plusieurs fois chaque année, les élèves exécutaient en présence de leurs familles, de leurs amis et d'un public d'élite convié à ces solennités, de brillants carrousels où chacun à l'envi faisait assaut d'élégance et d'adresse. « Les académistes, dit Piganiol « (1742), y courent la bague avec la lance, les têtes avec l'épée, « et ce qu'on nomme la *méduse* avec le dard ou javelot. L'émula- « tion de ces jeunes seigneurs pour mériter le prix contribue à « rendre ces fêtes galantes et régulières ; les chevaux sont riche- « ment harnachés, les cavaliers saluent les dames avant que « d'entrer en lice, et on leur offre des rafraîchissements. »

L'*Hippodrome* a ressuscité de nos jours ces exercices de l'académie ; le fameux carrousel de 1662, dont une pompeuse monographie nous a transmis les splendeurs, en fut la plus brillante mise en scène.

Voici quelles étaient, au xviii⁰ siècle, les conditions de prix dans les établissements de premier ordre.

MÉMOIRE POUR UN GENTILHOMME QUI ENTRE PENSIONNAIRE A L'ACADÉMIE.

Pour sa nourriture et son logement, par an.	1,500	livres.
Pension d'un gouverneur.	700	»
id. d'un valet de chambre.	500	»
id. d'un laquais.	400	»
Entrée à l'académie.	200	»
Au maître d'armes.	18	»
Au maître à danser.	15	»
Au maître des exercices de guerre et à voltiger.	15	»
Au maître de mathématiques.	15	»
Droit d'écurie (une fois payé).	29	»
Entrée de la course de bagues (id.).	10	»
Pour les gaules, par mois (le 1ᵉʳ mois double).	3	»
Pour la course de têtes, par mois.	30	»
Étrenne pour chaque cheval la 1ʳᵉ fois qu'on le monte, suivant son prix	12 ou 24	sous.

Pour les entrées une fois payé.

Le tapissier de l'académie fournit des meubles, draps et serviettes, moyennant 150 liv. par an.

Les pensionnaires qui n'ont point de domestique donnent 6 liv. par mois pour les servir à table et faire leur chambre.

Pour les externes, le 1ᵉʳ mois	120	liv.
Les autres mois.	72	»
Droits d'écurie.	36	»
Course de têtes, bagues, etc., par mois.	30	»

C'était donc, bon an mal an, environ quatre mille livres qu'un fils de bonne maison dépensait à l'académie. Cette pension pour un jeune seigneur, son gouverneur et son valet, représenterait au moins douze mille francs de nos jours.

L'académie fondée par M. de Longpré disparut vers 1730 ; à dater de cette époque, du moins, nous ne la trouvons plus indiquée sur les plans ni mentionnée dans les *Descriptions de Paris*. L'emplacement qu'elle occupait fut acquis par Antoine Crozat, chef de cette dynastie des Crozat, célèbre par ses immenses richesses, illustre par son culte éclairé pour les arts.

Sur ce terrain déblayé, Crozat le père ouvrit vers 1735 (1) un passage public dont il fit commencer immédiatement les bâtiments, que sa veuve fit achever, car il mourut en 1738 pendant le cours des constructions.

Il s'agissait d'une spéculation purement financière, les maisons n'affichèrent en conséquence aucune prétention monumentale. Destinées à la location et au commerce, on s'attacha surtout à leur bonne appropriation sur un plan simple et uniforme.

L'achitecté jugea suffisant de décorer la porte principale sur le carrefour Saint-Benoît et la façade intérieure du dégagement opposé ouvert sur la rue de Sépulcre (aujourd'hui rue du Dragon) qui formait perspective.

Cette façade présentait un corps de bâtiment étroit, percé d'une large porte et flanqué de deux tourelles un peu lourdes, mais d'un effet pittoresque. Cet agencement original et unique dans son genre méritait d'attirer l'attention des artistes, toujours en quête d'aspects inédits du vieux Paris; pourtant les *vues* en sont fort rares, et malheureusement de récentes modifications en ont déjà profondément altéré le caractère.

Si nous ne pouvons fixer la date précise de l'ouverture de ce passage, nos recherches pour découvrir le nom de l'architecte n'ont pas été plus heureuses. Réduit aux conjectures, nous attribuerions volontiers cet ouvrage à Jacques Cartaud, auteur du portail des Barnabites de la Cité, récemment adapté à la façade de l'église des Blancs-Manteaux.

C'est lui qui avait construit en 1704 pour le président Crozat, fils de celui qui nous occupe, le magnifique hôtel situé au bout

---

(1) Nous donnons cette date approximative d'après les anciens plans, à défaut de document plus précis. La *Cour de Dragon* figure pour la première fois sur le plan dressé par l'abbé de la Grive en 1735 pour le tome IV du *Traité de la Police*. Le grand plan de Roussel (1730) ne l'indique pas encore.

de la rue de Richelieu, vers le boulevard, sur l'emplacement actuel du passage des Princes. Toute l'Europe artiste était venu visiter cette splendide demeure, où le célèbre amateur avait réuni la plus merveilleuse collection de tableaux, dessins et antiques qu'un particulier ait peut-être jamais possédée.

L'œuvre du jeune architecte avait vaillamment supporté l'examen de ce jury délicat, et Cartaud, classé du premier coup parmi les maîtres, avait mérité le titre de surintendant des bâtiments du nouveau Mécène. Il se trouvait donc naturellement désigné au choix de M. Crozat le père, d'autant plus qu'il était à cette époque (1735) dans toute la maturité de son talent et en pleine réputation, déjà candidat sérieux à l'académie d'architecture où il entra en 1742. Il mourut seulement en 1758, âgé de 83 ans. Notre supposition est donc assez plausible; toutefois, ne pouvant fournir aucune preuve à l'appui, nous la donnons sous toutes réserves et sans prétendre trancher la question.

Ce passage faisant suite à la rue Sainte-Marguerite, qui limitait de ce côté l'abbaye Saint-Germain, et se présentant en face de cette rue, l'architecte eut l'idée d'emprunter à la légende de la sainte la décoration de sa porte monumentale (1).

Il fit sculpter dans le tympan, en manière d'enseigne, le fameux dragon symbolique si populaire au moyen-âge.

On sait que, selon la *Légende dorée*, sainte Marguerite, fille chrétienne d'un prêtre des idoles, poursuivie par les obsessions du proconsul Olibrius, souffrit courageusement le martyre à Antioche. Jetée mourante dans un cachot obscur, elle pria Dieu de faire apparaître à ses yeux l'ennemi qu'elle devait combattre. « Soudain une lueur merveilleuse brilla, et voici qu'un dragon « monstrueux apparut devant elle. Mais comme il s'élançait « pour la dévorer, elle fit le signe de la croix et il disparut. D'au- « tres racontent qu'ouvrant une gueule énorme, il la happa avec

(1) M. César Daly, dans ses *Motifs historiques d'architecture,* consacre une belle planche à la grande entrée de la Cour du Dragon. La jolie eau-forte qui accompagne notre notice et qui fait partie de la précieuse série de *Vues du vieux Paris* publiées par M. Martial, reproduit la perspective intérieure.

« sa langue et l'engloutit d'un seul trait ; mais qu'avant d'être
« complétement consommée, elle eut la présence d'esprit de
« faire, dans les entrailles mêmes du monstre, un simple signe
« de croix. Soudain le dragon creva et Marguerite en sortit
« saine et sauve. Mais, ajoute le narrateur, cette dernière
« version nous semble frivole et apocryphe. »

Sachons gré à Jacques de Voragine de son scepticisme philo-
sophique ; il n'en est pas moins vrai que cet incident, pris au pied
de la lettre par les dévotes, a valu à sainte Marguerite le patro-
nage spécial des femmes en couches. Il paraissait tout simple à
nos bons aïeux que celle qui avait eu la puissance de sortir in-
tacte du corps d'un dragon, fût plus que toute autre à même de
tirer heureusement un enfant du corps de sa mère.

Un des locataires actuels de la Cour du Dragon nous a affirmé
que des écuries et un quartier de cavalerie y avaient été autrefois
installés. Nous n'avons retrouvé aucune trace de ce fait, et nous
nous méfions grandement de la tradition, qui aura peut-être ainsi
travesti, en le conservant, le souvenir lointain de l'académie
de Longpré.

Chacun sait que cette cour est devenue aujourd'hui le grand
bazar des serruriers, poêliers, forgerons, ferrailleurs, qui l'ont acca-
parée et en ont chassé toutes les autres industries. Pour trouver
l'époque et le motif de cet envahissement, il faudrait remonter
sans doute aux grands déblaiements des ponts et quais de Paris
sous le premier empire, alors qu'un ordre formel de l'édilité pa-
risienne

> Enjoignit aux vieux ferrailleurs
> De vendre leur vieux fer ailleurs.

En 1769, nous ne trouvons dans cette cour qu'un seul de ces
industriels, Legilliot, ancien juré de la corporation ; encore n'y
a-t-il pas fait souche, car, en 1788, l'*État actuel de Paris* n'y
signale que deux praticiens suppôts d'Esculape, et non pas de
Vulcain, le sieur Dussaut, chirurgien spécialiste pour les can-
cers, et le sieur Saint-Ange, médecin empirique, débitant à
raison de 3 livres le paquet, sa *poudre capitale spécifique contre*

la migraine. Or, à moins que ledit sieur Saint-Ange ne fût un apôtre précurseur de l'homœopathie, il n'aurait pas eu l'idée d'attirer ses clients dans un antre cyclopéen où les marteaux, retentissant du matin au soir, fendent sans miséricorde les plus robustes cerveaux.

Prudhomme, dans le *Miroir de l'ancien et du nouveau Paris*, signale le premier, en 1804, cette agglomération, aujourd'hui plus florissante et plus bruyante que jamais.

COUR du DRAGON entrée rue de l'Egout 1865 R.

COUR DU DRAGON sortie rue du Dragon 1865

COUR du DRAGON
imp. Baillet quai de la Tournelle 35
1866

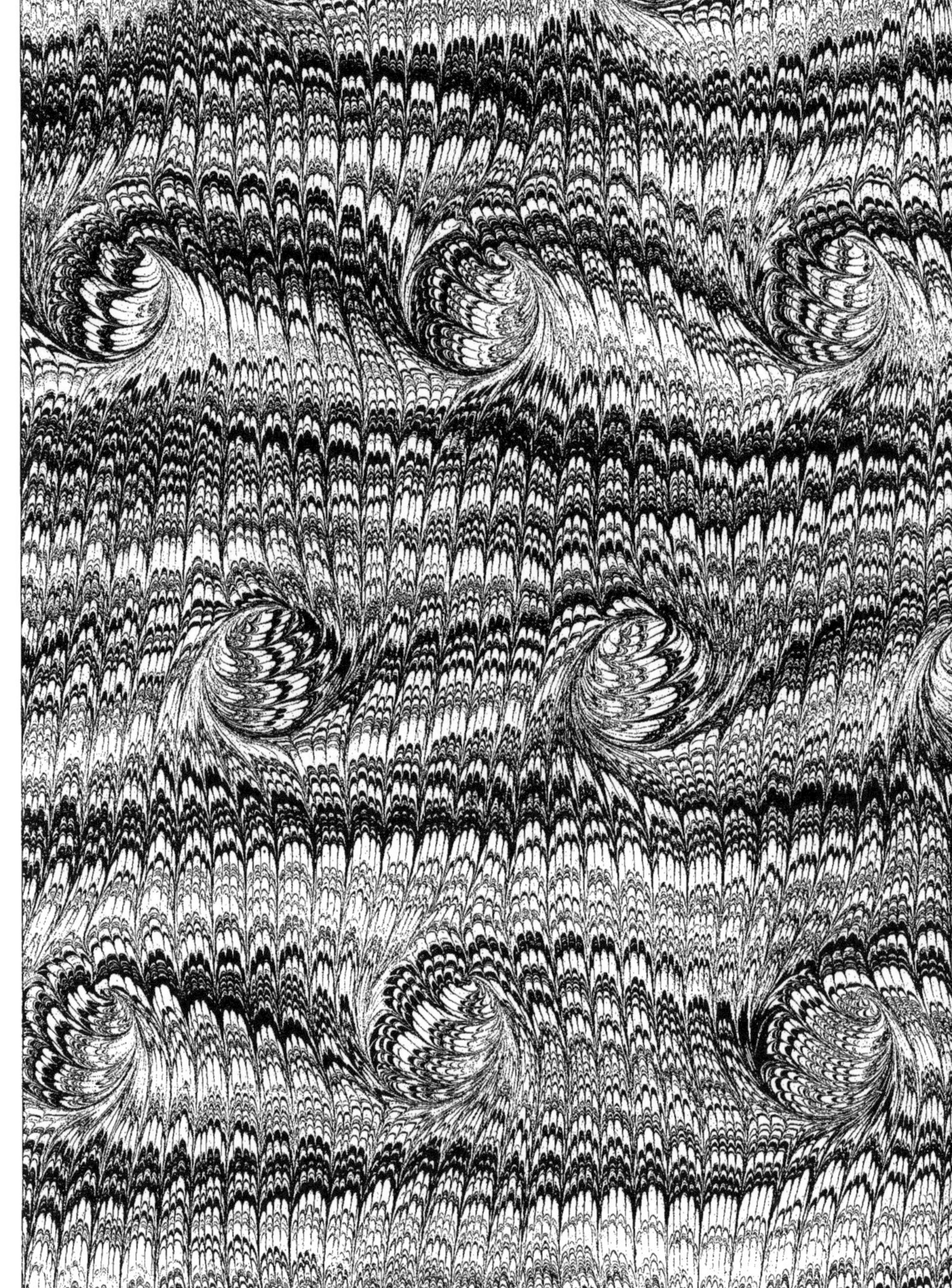

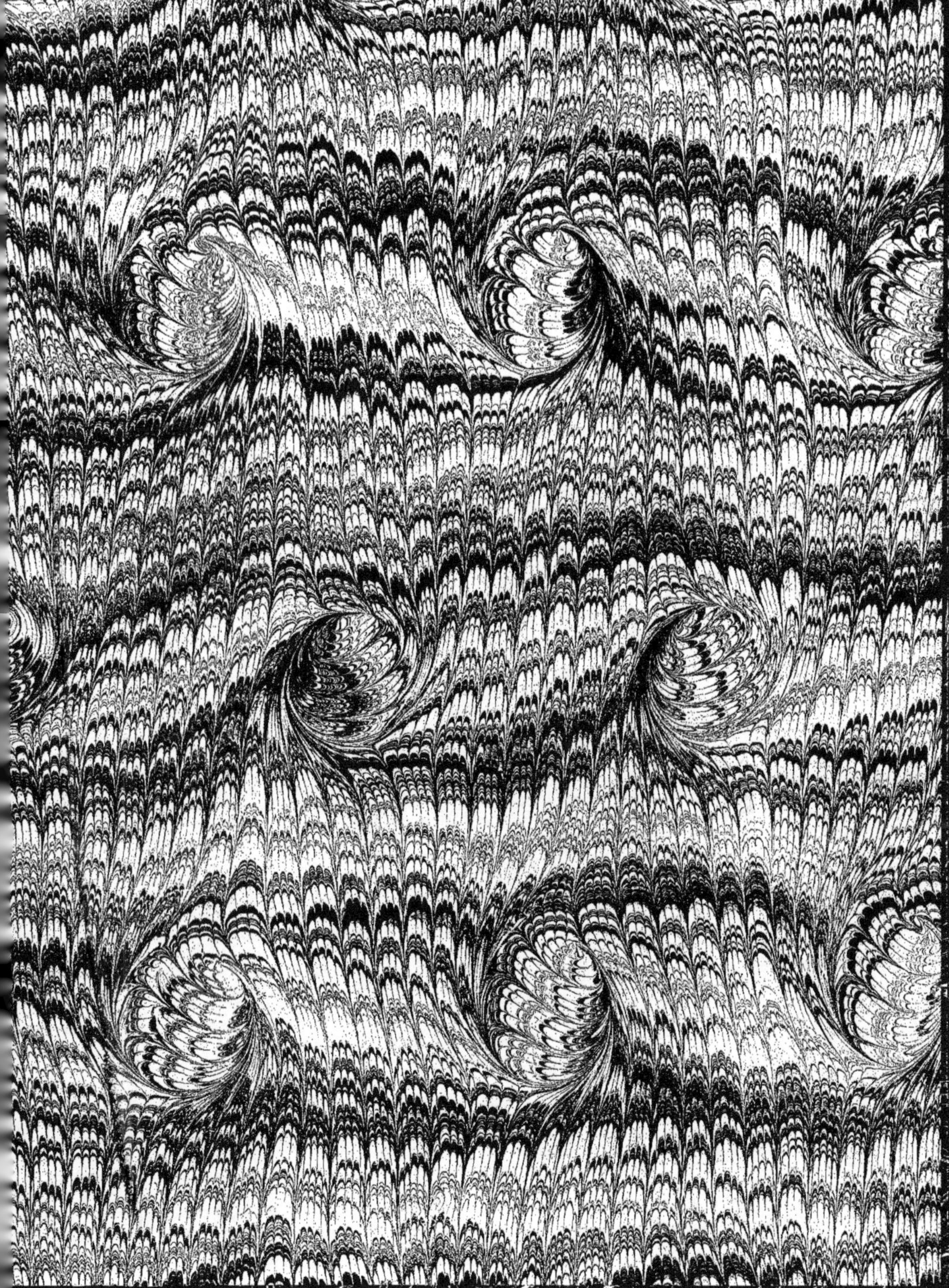

www.ingramcontent.com/pod-product-compliance
Ingram Content Group UK Ltd.
Pitfield, Milton Keynes, MK11 3LW, UK
UKHW020112240726
13926UKWH00011B/496